Aroma

Poemas de Yolanda Hernández

Título
Aroma

Autora
Yolanda Hernández

Ilustración
Colección "Siluetas"
Obras digitales
por Yolanda Hernández

Foto de la autora
Pedro P. De La Rosa

Revisión
Luis Peralta

Edición al cuidado de
Etnias Center for Inter-Cultural Studies

Diseño de portada
Yolanda Hernández

Diagramación
Roberto Taboada

ISBN: 978-0-578-12849-8
Primera Edición 2013

Poemas Erotismo y poesía:
el primero es una metáfora de la sexualidad,
la segunda una erotización del lenguaje.
Octavio Paz

A mi Dios ante todo
A mis hijos Kiara y Jose Carlos
A mis nietos
Alejandro y Eva Luna
Y a los que han de nacer…

A mis sobrinos desde el mayor
Manuel Alejandro, hasta
Emanuel y Daniel
y a María de la Luz
por prorrogar mi niñez.

Profundo agradecimiento

Antes que todo, doy gracias a Dios, por estar conmigo, y demostrarme tantas veces su existencia, por fortalecer mi corazón e iluminar mi mente en cada tropiezo y por haber puesto en mi camino a aquellas personas que han sido puente para llegar hasta aquí. A Luis Peralta, quien ha sido "El viento bajo mis alas", por creer en mí y brindarme su decidido apoyo, sus valiosos comentarios y acertadas su-gerencias y el empuje cuando más lo necesitaba y sin cuyo estímulo, consejos y correcciones, este libro no sería lo que es; A Elvys Ruiz, Pedro Báez, Marisol Camilo, Miguel A. Odio, Franklin Solano, María Dawson por sus aportes invaluables, asi como a tantos otros.

Y gracias a ti, amigo lector....

Así

Hice el libro así:
Gimiendo, llorando, soñando, ay de mí!
Alfonsina Storni

Soy un alma desnuda en estos versos,
alma desnuda que angustiada y sola
va dejando sus pétalos dispersos.

Alma que puede ser una amapola,
que puede ser un lirio, una violeta,
un peñasco, una selva y una ola.

Alma que como el viento vaga inquieta
y ruge cuando está sobre los mares
y duerme dulcemente en una grieta.
Fragmentos del poema "Alma desnuda"
Alfonsina Storni

INDICE

PRÓLOGO

El olor de una poesía trascendente

Aroma es la ópera prima de una gran poeta. La buena poesía, y esta de Yolanda Hernández sin duda que lo es, tiene sabor, olor y cuerpo. En nombre de la poesía se han llenado millones de paginas muchísimas de ellas no tienen cuerpo, ni olor ni sabor, de suerte que no pasan de ser una acrobacia sobre el lenguaje, pero sin las raíces necesarias del buen verso. Grandes textos en prosa y en verso han respondido al sentido del olfato. La célebre novela, que luego fue llevada al cine, El Perfume, es un maravillo texto construido sobre los olores y su relación con la existencia del hombre. Otra maravillosa novela, En un abril y cerrar de ojos, del novelista y poeta haitiano, J. Stephan Alexis, dedica uno de las cinco partes de su excelente obra, al olor y sus connotaciones.

Podríamos citar otros famosos ejemplos, mas quisiéramos hacer hincapié en el tratamiento del erotismo en este poemario, porque el hablar del cuerpo, de las relaciones carnales, de las vivencias de las parejas, del sexo como acontecimiento diario, puede ser un acto banal, sino es abordado desde una poética impecable, elegante, profunda y limpia. Construir una poética con las simples palabras de todos los días, y encontrar en ese amasijo de símbolos, que es el lenguaje, una nueva dimensión para el decir y el pensar, es un acto trascendental, el cual es negado muchas veces a la mayoría de los poetas.

La poesía de Yolanda es además un acto de libertad y de valentía. Una manifestación de su convicción como poeta en las bases sobre las que se levanta su decir. Yolanda no asume una posición poética desde el género – tan de moda en estos tiempos. Tampoco recurre a una condición de ubicuidad, territorialidad, pertenencia o cualquier otro elemento extra literario. Su poética se levanta sobre la lengua, sobre las imágenes que construye y sobre la musicalidad del vocablo apropiado. Ninguna palabra traída por los cabellos para imponerse dentro del renglón, ninguna sílaba extraña para desentonar con la familia de voces y conceptos sobre los que su poesía está fundamentada.

El tratamiento del erotismo en Aroma, de Yolanda Hernández es tan depurado, que quienes asistan a su lectura, sentirán que son partes consustancial de lo que se narra y no espectadores de una poética ajena a sus vidas cotidianas.

"A veces me atrapo
con tu aliento
en la orilla de mis labios
con tu nombre
oculto bajo mi lengua
y con tu aroma impregnado
en los ojales de mi piel"

Todos nosotros, hemos sentido esto de lo que habla la poeta, todos hemos querido decirlo, todos quizás lo hemos dicho de otra manera, pero nadie lo había dicho antes, de una manera tan limpia, tan depurarada y poética, que nos hace parecer como si esta construcción textual es nuestra y no de Yolanda.

Estas breves palabras jamás han de ser las protagonistas de este libro. Pero hago propicio el espacio que me regala la creadora del texto, para anunciar una gran poeta de lo erótico, una creadora con voz propia dentro la poesía actual y un libro que ha de defenderse solo, sin guardianes para cuidar los avatares del tiempo, que son el juez supremo de las artes.

Les invito a que lean conmigo esto:

"quiero que me beses
que comiences en mi espalda
y termines en mis abismos...

"...Bésame profundo
que no te alcance la boca
para tatuarme los sentidos..."

"...¿cómo sería tenerte
tan siquiera una noche
entre los ojales de mi blusa
bajo el silencio de mi enagua
comiéndote a pedazos..."

"...El tiempo avanza crudamente
culebreando entre mis faldas
dormitando bajo las alas
de sinuosos pájaros cansados..."

"...perderme
en el mapa de tu carne
oportuna para que riegues
con tu lengua de jilguero
los lirios que se prenden
bajo el ruedo de mis faldas..."

"... Un violín en la distancia
rechina en la noche y la retarda
yo sigo con tu nombre
entre mi lengua y la garganta..."

"…Enciéndeme los siglos
con tus labios mañaneros
vagabundéame
con tu aliento trasnochado
desbócate en mi gruta
y exorcízame la sed …"

"…quiero agonizar bajo tu sombra
mañana ha de venir el día
y con él un exilio sin memoria…"

Estas breves citas de la poesía que Yolanda nos regala, apuntalan mi convencimiento, de que estamos ante una poesía de indiscutible calidad lexemática, de belleza fresca y de un trabajo impecable desde el uso de la lengua como recurso expresivo. Leer este libro me ha dado un inesperado compás de felicidad. No todos los días, ni todos los meses, ni siquiera todos los años, asistimos a la fiesta de los sentidos, que constituye leer una poeta de la estatura de Yolanda Hernández. En buena hora por la lengua, por la poesía en sentido general y por la vida.

César Sánchez Beras

A veces, cuando te pienso

A veces me sorprendo
en ti pensando
libando el sabor ilícito
de aquel beso clandestino
que se quedó agonizante
entre tus labios y mi razón

A veces me atrapo
con tu aliento
en la orilla de mis labios
con tu nombre
oculto bajo mi lengua
y con tu aroma impregnado
en los ojales de mi piel

En ti pensando
tantas veces
me sorprendo
quedándome colgada
de la esencia de tu cuerpo

Sintiendo de repente
como arden mis entrañas
y como se deslizan
mis dedos en concierto
por mis montes y altozanos
provocando convulsiones
en todo mi relieve

Y otra vez
se asoma tu nombre
a la orilla de mis labios
y un diluvio de emociones

→

humedece mis secretos
enervando mis sentidos
al ritmo de un espasmo.

Al otro lado de la luna

Convencida casi estoy
que un día
        en algún momento
        me nombrarás
cuando la nostalgia
        te sorprenda
recordando las noches
estrelladas de Neruda
cosiendo lunas
bajo mis faldas

Extrañarás
mis húmedos susurros
lubricándote el oído
y mi obstinación
de amante atrevida.

Querrás que te bese
que te emborrache los sentidos
y que de norte a sur
        te desgaste la piel

Entonces me llamarás
con trémulo acento
y un olor a desenfreno
con sabor de soledad
será tu compañía.

Que sola estoy, amor
al otro lado de la luna.

Al rojo vivo

Un brillo salvaje se refleja
en tus ojos hambrientos
adivino en tu boca la indecencia
y preparo mi trinchera
para otra noche de contienda

Se estallan mis granadas
al simple roce de tu aliento
tu boca como presa me devora
siento en mis rodillas tu amenaza
mientras palpo con mis manos
el asta que bajo tu centro
se iza fácil y con agrado.

Envueltos en las sábanas
de otra noche al rojo vivo
que se prende con la ira
de las llamas en nuestra cama
donde hasta las paredes gimen
y el deseo se desgrana.

Ámame hasta que la piel nos duela
de la noche hagamos redundancias
libaré con mis labios la metralla
hasta detonar su pólvora
en mi garganta.

Ya en la mañana cuando brote el sol
eyaculando sus rayos en la ventana
emprende tu ruta   quijote sin nido
que sujeta al desierto, como siempre,
permaneceré en el mío.

Amor en otros tiempos

Fue un amor improcedente
un infecundo intento
que agonizó a orillas
de aquel prófugo beso.

Jamás bajó profundo
a bañarse en las afluentes
del salto de mis aguas
ni tiempo hubo para zurcir
nuestros nombres en el alma
y repetirlos en otros tiempos.

Anuencia

Quiero que me beses
la noche te respalda
que comiences en mi espalda
y termines en mis abismos

Bésame profundo
que no te alcance la boca
para tatuarme los sentidos
bésame allí, yo te lo permito
donde el poder se licúa
y se conjugan los delirios

Bésame sin miedos
con tus labios encendidos
manosea mis agrados
saboréame las mieles
que a chorro se destilan
por mis ardientes agujeros

Bésame allí, yo te lo permito
donde el deseo se fusiona
y se libera con un grito.

Bajo mis sábanas

Manos y labios penetran
bajo mis sábanas
hurgan entre mis piernas,
manos y labios en mi cama

Manos que ascienden
mis entrañas
despertando y revolviendo
acumuladas emociones
haciendo arder
en enardecido empeño
    mis ganas

Mi cuerpo se estremece
un grito en versos
mi útero declama
y un diluvio improvisado
me sorprende
    bajo las sábanas

Me despierta el golpeo de la lluvia
en el cristal de la ventana
las sábanas están secas
    y de entre mis piernas
aparto la almohada

Nadie me ha besado
ni tocado mis ganas
nadie ha penetrado
entre mis sábanas
solo ha sido mi espejismo
una ambición aquí
    en mi cama.

Breve Presencia

Tan breve fue tu amor
           en mi espejismo
fue un descanso, un respiro
un parpadeo de tus ojos a los míos
una noche, un sueño, un casual deseo
y un beso, un perpetuo beso
que fugazmente robó mis sentidos

Tan raudo fue tu oleaje en mi playa
solo se arrimó para besar mi orilla
 y humedecerse, brevemente...
en las salobres aguas de mi hastío

Breve fue tu espacio en mi consuelo
pero oportuno para que florecieran
como ofrenda estos inmortales versos
al fugaz sabor que me dejó la miel
de tu apresurado pero inefable beso.

Como cuando eras mío

Siento frío
un penetrante frío
que llena mi espacio
de un afónico vacío

Tengo frío
y aquí sola
en mi gélida cama
te recuerdo...
como cuando eras mío
cuando tu piel me alcanzaba
y en mi timidez rozaba mi cuerpo
y yo me volteaba
al sentir tus instintos
de hombre lascivo
de bestia en calor
encendiendo el brasero
de mis cinco sentidos

¡Qué frías están mis sábanas!
y que eterna son las noches
se estrellan las nostalgias
contra la infalible indolencia
recordándote...
y sólo encuentro
un profundo vacío
entre mi almohada
y mi hastío
hastío que me repite
que ya no eres mío

La noche es larga
es frío el silencio

→

mis ojos desisten
a seguir despiertos
y con tu nombre
en mis labios
sometida
me duermo

Me despierta tu recuerdo
y otra vez
        licúa su perfil
lo cotidiano.

Complemento

Aromas y raíces
vocablos, melodías
sinfónicas manos
muslos candentes
vorágines de labios
conjugando
un solo verbo.

Primitivas pieles
quemando las horas
rozando la tierra
sudando ternura
alterando gaviotas
a golpe de ombligo
en unánime armonía

En el fondo convergen
tibias espumas
      que sucumben
          en las aguas
de la tierra ya sin vida.

Con la noche entre mis senos

El tiempo avanza crudamente
culebreando entre mis faldas
dormitando bajo las alas
de sinuosos pájaros cansados
que van y vienen
trinando hondo
y queriendo hacer nido
donde ya no quedan ramas

Avanza el tiempo
y cada vez estoy más sola
sola entre estas sábanas ajadas
sola con la noche durmiendo
entre mis senos
con mis pupilas redondas
persiguiendo sueños
y la garganta seca
de tanto gritar sin llanto
sola con esta esperma
que me bulle a cien mil millas
por las esquinas de los años
buscando un hueco, una salida
por ese útero incierto
al otro lado de la vida.

Condenados

Conservo tu atardecer
dormido en las orillas
         de mi playa
el sabor fermentado
      de tus besos en mis labios
las puntas de tus dedos
       tejiendo gemidos
       en la topografía de mi piel

Tu voz musitando secretos
      en las paredes de mi ombligo
y tu mirada eyaculando
en el mismo centro de mi abismo

Y es que entre tu mundo
      y mi universo
         un muro
cada vez más alto se levanta
tu y yo, anacoretas
dos perros hambrientos
condenados a la distancia.

Delineación

Te dibujo redondo
        como mis senos
como los ojos abiertos
de tu rostro atávico
y la trinchera de tu espalda
tostada por el fuego

Te dibujo labios nuevos
con los míos viejos
e invento tus horarios
humedeciendo las noches
en mi rojo calendario

Te delineo así
con tu navío redondo
acercándote a mi puerto
desterrando mis cantos
navegando en esta playa
hundiéndote despacio
en mi epicentro.

Para quedar en ti

Amo esas noches
en donde te sueño
envuelto entre los versos
blancos de mis sábanas.

Amo esas noches
con olor a naranjo
y de canciones de espigas
cuando sedienta me bebía
toda el agua de tus labios
y dócil me quedaba
bajo tu carne dormida

En el silencio de esas noches
me vuelvo a ti
para quedar en ti
como sombra bajo tus alas.

Desquiciada

Qué lástima que usted no esté
en mis locas madrugadas
despojando mis silencios
descubriendo la insensata
que se muere por tenerlo.

Que le ha guardado cientos
de besos bajo la almohada
que ensaya seducirlo
a ritmo de mil danzas
de ombligo y de lambada.

Qué lástima que usted no esté
lapidando los silencios
de esta hembra desquiciada
que se muere por tenerlo
en sus rojas madrugadas.

Instinto

Otra vez he tenido entre mis manos
la redondez de tus ojos castaños
he vuelto a sorprender la lujuria
derretida en la orilla de tus labios.

Un instinto turbador me fue rodando
hasta llegar a la punta de mi razón
de perderme otra vez bajo tus carnes
y enroscarme a tu espalda
               como antes sin pudor.

Abordarte, descender hasta tu fondo
recrear en tu mástil mi cálido vientre
y ver como gritas, sublevas y agonizas
allí donde mueren los valientes.

En el aroma de un habano

Llegó el amor
en el aroma de un habano
con sabor a verano
y un sorbito de café
hirviendo entre sus labios.

Me atrapó el amor
descalza y despeinada
con labios temblorosos
y desnuda de palabras.

y quise zambullirme
en sus pupilas de océano
retenerlo en el borde
egoísta de mis años
y mojarme en el torrente
espumoso de su verbo.

En las aguas de tus besos

Tu boca, torrente bendita
eternidad en un instante
donde mojo mi existencia
y descorcho mis sentidos

Tus labios y los míos
diluvio de espermas
revuelo de mirlos
ecuación desordenada
simetría a la vez

Infusión de deseos
donde siembro mis gemidos
en húmedo ritual
licuando mis temores
en tus besos prohibidos

Besos que persigo
hasta el fondo de tu calle
chocando en tu silencio
descubriendo mi verdad.

He sorprendido

He sorprendido
todos tus sentidos...
        tus ojos,
tus labios,
tus manos,
        tu olfato,
tu aliento,
y tu género
deambulando en las esquinas
        de mi vientre.

Haiku

¿Qué es un Haiku?

Formalmente, es un poema breve, casi siempre de diecisiete sílabas distribuidas en tres versos, de cinco, siete y cinco sílabas respectivamente. Pero no es esto lo que caracteriza al haiku pues, el mismo Basho, considerado el padre del haiku, se saltó esas reglas muchas veces.

Lo que caracteriza al haiku y lo distancia de otras formas poéticas es su contenido. "El haiku es un verso breve e impactante. Consiste en decir mucho en pocas palabras. Es captar un momento y fijarlo en palabras". Así lo define el Español Fernando Rodriguez-Izquierdo, considerado uno de los mejores traductores del japonés al español.

Un haiku no tiene rima ni título y en japonés su forma no se pluraliza, en tanto que en el idioma castellano sí.
Hecha esta breve reseña, les brindo una serie de mis haikus.

Púrpuras noches
encendiendo hogueras
desborde de ríos

La roja lluvia
que desgrana tu boca
riega mis montes

Tu boca grana
lapso paradisíaco
en cada beso

Gruta marina
marejadas de besos
tocando fondo

Coloquio de labios
húmedos movimientos
a un solo ritmo

Un ave siembra
trino en tus pupilas
poesía cosecha

Tus ojos claros
melancólicas noches
germina el día

Noche oscura
habita el silencio
brillan tus ojos

Voy por la senda
corriendo hasta tu río
a mojar mis labios

Mi flor se abre
como retoño al sol
cuando me besas

Tiembla mi boca
tus labios vehementes
abrigan los míos

Al adentrarnos
al vientre de la noche
parió gemidos

Ante tu mástil
retoña sin decoro
mi flor dormida

Huelo a hembra
después de mojarme
en tus resacas

Como colibrí
de la flor bebes la miel
y sales volando

La noche es propicia

La noche es idónea
para elevarnos en rojo vuelo
y perderme
en el mapa de tu carne
oportuna para que riegues
con tu lengua de jilguero
los lirios que se prenden
bajo el ruedo de mis faldas
y como pájaro sin alas
hacerte volar en mi garganta

Es propicia la noche
para amarte con todas las hambres
subir al cielo por tu ombligo
como Troya incendiarme
en las impúdicas llamas
que flamean en tu vientre
y volar, volar más de una vez
hasta sentir que el mundo
convulsiona a nuestros pies.

Mi primera vez

Las cortinas entreabiertas
el cuarto a media luz
yo, trémula, nerviosa
tú, seguro y deferente
yo, tu ingenua aprendiz

Temblaba, sentía vergüenza
me sosegaste entre tus brazos
y me llevaste a la cama
con sus sábanas blancas
lisas y perfumadas
que serían fiel testigo
de que allí una flor
por primera vez
sería desojada

Tus manos cuidadosas
mis ropas deslizaban
tolerante y sereno
en la boca me besabas
y sentía tu aliento
sofocado en mi piel
y más que antes
me gustaban tus besos
tu saliva era miel

En lento descenso
tus labios temblorosos
se posaron en mis senos
y como niño hambriento
libaste mis pezones
haciéndome gemir
y gritar tu nombre

$\rightarrow$

Como estrella fugaz
palpaste mi universo
y volví a sentir vergüenza
que miraras, que tocaras
que besaras mis secretos

Te deleitaste en mis humores
y yo, tímida y excitada
con mis pupilas dilatadas
lloraba, y te imploraba
No! Por favor ¡No lo hagas!
No penetres mi morada!

Con tu voz de caballero
musitaste muy sutil
"No te inquietes pura niña mía
tu fino cristal no quebraré
si tu no lo quieres, si tienes miedo
hoy no será, te lo prometo
sin profanar puedo enseñarte
del amor lo más sublime
lo más perfecto, te lo prometo

las blancas sábanas
quedaron ajadas
blancas pero mojadas
perfumadas de nuestros cuerpos
mas, se quedaron con las ganas
de mancharse con la sangre
de una virgen profanada
virgen que por primera vez
se vio desnuda en una cama
y conoció el amor perfecto
sin dejar de ser inmaculada.

Navegando en su recuerdo

Él fue el estruendo
gota de luz en la oscuridad
campo fecundo
donde sembraba mis deseos
un río en el desierto
primavera, jamás invierno.

Él, era ese hombre
callado, permisivo, seguro
recio verbo en su lenguaje
mi sosiego, mi arrebato
mi arpegio y mi coraje.

Era su palabra el cielo
precisa e invariable
la hostia pura y exquisita
perdón de los pecados
su lengua la raíz
creciendo bajo mis suelos.

Ardía con tan solo
besar la pulpa de sus labios
bañarme en sus ojos astrales
beberme su risa de cobre
y entre sus piernas mojarme.

Aún zumba en mis oídos
su ebria voz de miel de abeja
gimiendo como gime un hombre
sobre la corola ardiente
        de su hembra.

$\rightarrow$

Las rojas noches muerden
navegando en su recuerdo
y saboreo las migajas
que quedaron en las sábanas
desprendidas de su sexo.

Otra noche aquí en mi cama

Vacía y desnuda
sola con mi nostalgia
que lenta como la muerte
se arrastra por debajo
      de mis frías sábanas

Un violín en la distancia
rechina en la noche y la retarda
yo sigo con tu nombre
entre mi lengua y la garganta
sin poder someter las ganas
que por entre mis piernas
         se resbalan
y esta hambre que me hinca
que me moja cada vez
que te pienso
      aquí en mi cama.

Pretensiones

Pretendo a secas
ser tu pauta
y abrir mis alas
en tu universo
ser el nombre que gritas
en tu imprudencia
el olor a la hembra
que te despierta
ser un segundo
en tu tiempo
      tu constante
y complemento.

Ser tu acento
tu morfema
la sonrisa
de tus muertos
      tu verbo
en tiempo perfecto
      a secas, pretendo.

Ser el silencio
donde acallen tus deseos
profanarte y a secas
beberme tus estruendos
ser latido
entre tus dedos
solo eso, a secas
      pretendo.

Se nos fueron los años

Tu nombre milenario
se filtra en mi mente
atizando el ayer
cuando como pájaros
recogíamos
las últimas migajas
del amanecer

Se nos fueron los años
por calles distintas
y en dispersas esquinas
desbocamos anhelos
de otros manzanos
el pecado mordimos
y en otros pliegues
la inocencia dejamos

Necesito encontrarte
en el otoño de mis días
redimir el instante
de nuestra partida,
dormir como antes
con tus huesos en mi piel
y como pájaros
recoger las migajas
de un nuevo amanecer.

Sin censura

Te miro deferente
 y me pregunto
¿cómo sería tenerte
tan siquiera una noche
entre los ojales de mi blusa
bajo el silencio de mi enagua
comiéndote a pedazos
reposando mi cansancio
a orillas de tus brazos?

¿Cómo sería
cobijarme en tu costado
treparme por los muros
prohibidos de tu piel
bajar hasta el tronco
de ébano encendido
y beberme sin censura
la dulzura fermentada
que brota de tu ser?

Esa noche
tocarían valses los tambores
haciendo que canten mis silencios.

Sóplame vida, amor

Me preocupas amor
      me preocupas
porque ya no bailan en mi vientre
ni lo revuelven con sus alas
          tus azules mariposas
ni alegre mi corazón se agita
ante una mirada sugerente
ni a la lujuria de una boca

Me preocupas amor, me preocupas
porque ya no me buscas
ni corres como antes
por entre mis arterias
mi sexo y mis carnes
       haciendo fluir
de emoción mi sangre

Me preocupa amor, me preocupa
sentir como poco a poco
te me apagas

¡No te mueras amor!
atiza otra vez la llama
escápatele a la muerte
e inyéctate en mis venas
métete en mi sangre
y sóplame vida, amor
sóplame vida.

Una vez más

Eran tus ojos de un verde añejo
lenguaje insinuante tu caminar
tu pelo en otoño, tu boca en remojo
tu aliento a bejuco olía al hablar

Tu voz sosegada lenitivo a mi enfado
tu sonrisa abierta hilachas de sol
era tu espalda amparo a mi antojo
tus manos sabían aliviar mi dolor

Morderte la boca, saborear las palabras
mirarte a los ojos, en sus pupilas soñar
volver a escuchar tu voz de rapsoda
y al vaivén de tus pasos otra vez caminar

Cierro mis ojos y me irrumpen las ganas
del otoño en los tuyos poder contemplar
desandar en el tiempo, jugar a los sueños
con tu ombligo en mi vientre una vez más.

Vicio

Este vicio que no claudica
me despabila y me alborota
de ser paloma entre tus manos
y panal de besos en el cielo de tu boca

Impío, sorprendente y absorbente
vicio incontenible
que me obliga a nombrarte y desear
que derrames a diario tus humores
por mis cuatro puntos cardinales

Es un desenfreno que me atiza
fiebre indómita que te aclama
me descalabra y muerde mis entrañas
que moja de lava todo mi cuerpo
y ardiendo en llamas me desata.

Zarandéame

Enciéndeme los siglos
con tus labios mañaneros
vagabundéame
con tu aliento trasnochado
desbócate en mi gruta
y exorcízame la sed

De cabo a cabo
zarandéame,
extráeme el oxígeno
desordena mis arterias
adéntrame en tu enero
y abandóname
en el ígneo instante
de tu adulterio

Trázame la ruta
hoy, sobre las hiedras
que crecen en mi vientre
quiero agonizar bajo tu sombra
mañana ha de venir el día
y con él un exilio sin memoria.

Aroma

OTROS POEMAS

Agoniza el amor

El amor, está enfermo
tiene hondo los ojos
cenizos los labios
y lánguido su aspecto

El amor
se quedó prendido
en un tiempo
sin oxígeno
sin vocablo
y no existe antídoto
para curarle
y cada vez más
se hacen leves
sus latidos

Agoniza el amor
como agoniza el sol
en los ojos del ocaso
como expira el otoño
en la boca del invierno
o como agoniza el tiempo
en el lamentar de un reloj

Se muere el amor
como cuando se
 sofocan
        las palabras
cuando ya no hay acento
ni vocales ni consonantes
para componer un "te amo"
para escribir un "perdóname"
en el cristal de un espejo

$\rightarrow$

o simplemente para decir
"intentémoslo de nuevo"

El amor se muere
cuando enmudece el alma
cuando es gélido el silencio
y puñales las miradas
cuando son yertas las sonrisas
y piedras las palabras
cuando solo nos queda
masticarnos las lenguas
y preferir por decir
nada.

Así me parió mi madre

Llegó la hora anunciada
cuando la tarde caía
la mula cargada
loma abajo venía
con la mujer preñada
que de parto afligía
y con el agua clara
de su fuente rota
gota a gota
el camino irrigaba
y se reía, se reía

Sus ojos brillaban
parir quería
quiso decirlo en palabras
pero no la entendían
¡como! si no podía
tan solo se reía

Al ver su falda mojada
se formó la algarabía
¡corran, se está pariendo!
traigan al chofer cercano
y ella se reía, se reía

La distancia era amplia
tiempo no había
la criatura empujaba
salir quería
y la heroica mujer
sostenía sus ganas
mas ya no podía

→

Y en medio del camino
cuando ya no resistía
parió la mujer de un tino
y se reía, se reía

Y aquel hombre valiente
que el coche conducía
entre la risa de la Madre
y el llanto de la cría
cortó el cordón de oro
que a la humanidad unía

Así me parió mi madre
entre risas y valentía
esta vez sí lloraba
pero de alegría.

Café con pan

Afuera
la lluvia se desgrana
adentro, mis ojos

En la mesa
remiendo los recuerdos
de aromas y sabores
fusionados en mi lengua
de pan remojado
en un jarro de café.

Café con pan
bucólico manjar
emblema fecundo
con olor a madre
y sabor de miseria
en mi niñez

Afuera
la lluvia descansa
        adentro
        llueve poesía
y como por instinto
me atrapo remojando
trozos de pan
en la taza de café.

Climaterio

Suave y silencioso
mezcla el otoño
fibras de hielo
tempestad de furia
y sofocado calor

Útero acuesta
se aleja el estío
jubilando lunas
estrangulando óvulos
esterilizando raíces
de tierras fecundas

Mariposas duermen
en mi vientre sombrío
y como polvo líquido
huye la savia
goteando en declive
bajo mis pies
marchitando flores
parando el estrógeno
de mi reloj

¡Que importa!
si el verano se rinde
abandonando mi playa
si me quedan las ganas
amarrando tu cielo
        y un mar de años
para anclar estos besos
en la arena infinita
de nuestro universo.

Colgando de la soledad

Días largos, tardíos
sin sol, sin repertorio
de sombras, de instantes
pletóricos de recuerdos
de antiguas conquistas
de adúlteros besos

Días de hondo martirio
de confusas sensaciones
de ayeres que se funden
en un continuo presente
y un futuro baldío

Días que contagian
y salpican las noches
con su extenso silencio
y secretas fragancias
de triviales promesas

Noches de agonías
de oscuro invierno
y en la soledad
añejas sinfonías
traen recuerdos
y ambiciones
para esta piel
desierta de lisonjas
secas de placer

Noches de hastío
de retraído viento
de frívolas palabras
que cual hojas secas

→

caen, vuelan
y como un eco se alejan
besando el corazón
del inmenso vacío
en donde hasta el aire
enfermo se disipa
esperando en alas
por su destierro

Días, noches
de larga espera
en aquel rincón
donde cuelgan
mi carne
mis huesos
una leyenda
con nuestros nombres
y aquel adiós.

Entre bancas y rayos

Música desnuda
sin voz y sin palabras
se desliza sordamente
por las teclas resentidas
de un piano en lontananza

Cantan los siglos
en las noches silenciosas
de desafinados grillos
y te busco
en las bancas y en los rayos
de las noches tormentosas
en las fosas vergonzantes
de los muertos sin dolientes
en el fondo del abismo
detrás, y en todas partes.

Extravío

Él la sueña bajo la luz del día
ella, en las sombrías madrugadas
él, la ama
ella, por él delira
viajeros anónimos
por opuestos extremos
bajo el cielo caminan.

Ajenos, extraños y lejanos
se buscan, se sueñan
se nombran, se desean
él la busca por viejas calles
de barrios olvidados
ella por grandes avenidas
de urbes renovadas
y entre los muertos.

Con las mismas alas se elevan
anhelan las mismas quimeras
las mismas esperanzas atesoran
diferentes sábanas impregnan
su sino está encadenado
en un quizás, en algún día
en lo fortuito, mas perseveran.

Amándose, soñándose,
buscándose, esperándose
imaginándose y preguntándose
¿Cómo sería su mundo,
sus madrugadas y sus días?

$\rightarrow$

y así, entre sueños y preguntas
el objetivo le agoniza
a dos amores que transitan
extraviados en la vida.

Indiferencia

Es medio día en el azul del tiempo
frecuente es sentir como me siento
sin ápice de piedad en mis entrañas
drenó el suplicio mis pasiones
y del alma las infinitas esperanzas

Nombres invoco de aquellas noches
cuando pobres amantes de otros días
cambiaron fervientes mis empeños
por comedia, mentira y fantasías.

La sátira ha golpeado mi corteza
sofocando la aorta de la indulgencia
escudándose del humano y su navaja
mi corazón es indiferente, sin esencia

¡Oh mi Dios! redentor y compasivo
devuelve a mi alma desconfiada
por mi ingenuidad tan mal pagada
la fe humanitaria que he perdido.

La sombra de tu recuerdo

En la reserva de la noche
me agrede tu recuerdo
con acento incoloro
de suplicio
de espanto
de ansiedad
y se desliza
como sombra líquida
por los dédalos
de mi razón

Como cefalópodo
de fríos tentáculos
se ensarta en mí
absorbiendo
mis carnes
       mis huesos
mis células
       mi sangre
mis sentidos

Y otra vez
me invade el miedo
       el espanto
y un intrínseco grito
seco, sin voz
sin verbo
fallece a mitad
de mi garganta

Entonces...
entre espasmos y alivios

$\rightarrow$

reflexiono y confirmo
que tan solo
ha sido el paso
de tu sombra
por mis recuerdos
y un hálito profundo
prorrumpe mi pecho
al saber que ha sido eso
solo eso...
la sombra...de tu recuerdo.

Tierra con aroma de café

La tierra me sirve
de su campo eterno
el café caliente
con sabor de arado
y a sudor de obrero
que de jarro en mano
y de sorbo en sorbo
humea horondo
por entre las fichas
del dominó.

Es así como lo quiero

Es así como lo quiero
piel curtida de sol y gracia
desnudo de acento, de lenguaje
sin cruz en la espalda, ni rodeos
con labios arrogantes
bellacos de lujurias y desatinos
donde estrujar los míos.

Es así como lo sueño
profuso, humano y con despejo
descalzo de linaje y apellidos
con místico verbo en la garganta
y un futuro remendado en los bolsillos.

Poema de la ausencia

Desde el vientre de la noche
brota y sopla
el mustio otoño
matizando
las últimas hojas
en los grises juncos de mi ombligo

Su olor a estación
penetra hasta el origen
¡Ay! ¿Cómo no recordarte?
Si quedaron tus huellas
            inalterablemente
en toda mi Vía Láctea

¿Cómo no recordarte?
si desde entonces
te ingiero, te bebo
me empalago de tu nombre
y relamo cada espacio
que me sepa a tu presencia

Dime que aun puedo
soñar con tu regreso
trayéndome el sabor
de eternidad en la garganta
el sol de Agosto en tus pestañas
y el aliento de vida
            o de muerte
humeando en tus espaldas.

Romanza I

Con estera multicolor he de adornar
el sendero por donde ha de retornar
con lengua romanza y costanero aroma
el amor que silbando y rumbeando asoma

Aflora el amor matizado de sol y plata
con jadeos, risas y coplas en escalas
con ojos de luna y boca de escarlata
el amor como olas hasta mi orilla llega
trayéndome eufonías y collares de nácar

Puedo sentir su hálito esquilando nubes
bamboleándose entre hados y luceros
trayendo en su regazo lisonjas y acordes
y besando a su paso el corazón del cielo

Llega el amor en los brazos del niño arquero
devolviendo a mi alma robadas fantasías
entonando las notas de un viejo bolero
que bailaremos al compas de su sinfonía

Para ese amor he guardado virgen mi decoro
y un coloquio de besos, caricias y deseos
que despojaremos en el tálamo de la noche
bajo las titilantes miradas de las infinitas pupilas
que celosas nos miraran desde el índigo cielo.

Romanza II

La brisa mañanera me trae en lontananza
la dulce esencia de tu perfumado aliento
y en alas de un mirlo blanco la alegría canta
haciéndome aspirar la dicha y el contento.

¡Oh inefable amor que en góndola Siciliana
por árticos mares hasta mi playa remas!
trayéndome promesas en collares de perlas
y sinfónicas rapsodias al ritmo de tarantelas.

¡Ya casi, casi llegas!, desde mundos australes
me lo anuncia la luna y también las estrellas
que tu barca se arrima repleta de flores
surcando los mares siguiendo mis huellas.

Con ansias espero ese día en que pueda
escuchar de tus labios ese mágico acento
y beber del cáliz bendito que es tu boca
la pócima encantada que brinda tus besos.

Te espero amor en la esquina de mi playa
para que ancles tu góndola ceñida a mi barca
para que líes en mi cuello los collares de nácar
y desnudos amarnos bajo la luna de plata.

Romanza III

Albas y ocasos frente a mis ojos mueren
en la esquina de mi playa donde aún espero
que los vientos del sur y las olas marinas
me traigan tu amor remando hasta mi puerto

Miro en lontananza y tu navío no asoma
la luna de soslayo discreta me mira
adivino, y una lágrima besa mis ojos
¿Dime amado mío, porque tu barca no llega?

¡OH amada mía!, diosa de mis ternuras
la razón por la que aún no arrimo hasta tu puerto
tristes ninfas hasta mi llegaron con las nuevas
que mi adorada madre en mi ausencia había muerto

Esperadme novia mía, volveré, te lo prometo
ver a mi madre una vez más es lo que anhelo
quiero posar en su fría frente un último beso
ya después volveré remando a tu ancladero

Entonces, ataré mi barca junto a tu barca
posaré en tus labios un millón de besos
enredaré en tu cuello aquel collar de nácar
y una alianza de amor pondré en tu dedo.

Tu acento

A pesar del bullicio,
      las carcajadas,
todo era silencio
      mutismo abierto

No obstante de los árboles
flores, ríos y agros verdes
      todo era un desierto

Hasta que llegaste
con misterioso
      y boreal acento
      a conjugar
 un caudal de verbos
entre poesías, música y besos.

Tu poema era de vidrio

Tu poema era frágil, lo lamento
sin carne ni huesos
de cristal
hecho de artimañas, de mentiras
de mórbida efusión, sin control
sin madrigales, ni corazón
sin esencias, ni predicción
era vacío, discordante, sin verbo
frio como el invierno
solo deseaba salpicarse
en mi exterior

Tu poema
de mis manos resbaló
lo lamento, pero se quebró
sus pedazos recogí
y al pretender unir sus coplas
me rasgué el alma
           con sus filos
ahora no riman sus estrofas
y sangran sus estribillos

¡Cuanto lo siento!
después de tanto empeño
en construirte un poema
de mis manos se deslizó
era cristal, vacío
y al caer al suelo
           se quebró.

Humano derecho

Sueños sin imágenes
        acciones...
que entre preguntas
y vagos recuerdos
confundieron mi niñez.

Mamá, ¿Quien es él?
el hombre que me busca
y cuando duermo aparece
me besa
        me abraza
y al hacerlo se enternece.

Acaecieron los años
sin tener explicación
de aquel sujeto extraño
que asomaba mi razón

Muy adentro presentía
        que el mundo no era igual
o mi madre me ocultaba
        lo que no sabía explicar.

¡Mira niña, no seas necia!
¡Deja ya de importunar!
que ese hombre solo existe
en tu sueño y nada más.

Nada oculto bajo el cielo
dura un siglo sin verdad
por dolorosa que sea
de ingerir la realidad.

$\rightarrow$

¡Hija, perdona la falta!
la ignorancia pudo más
¡Este padre no es tu padre!
el de tu sueño, es real.

¿Por qué madre te empeñaste
en ocultar la verdad
negándome el deleite
de abrazar a mi papa?

Humano derecho me negaron
al no medir sentimientos
y jamás pregunta alzaron
ni a elegir opción me dieron

Hoy arrastro mis recuerdos
sin hallar conformidad
aquel hombre en mi memoria
¡nunca ya, me besará!

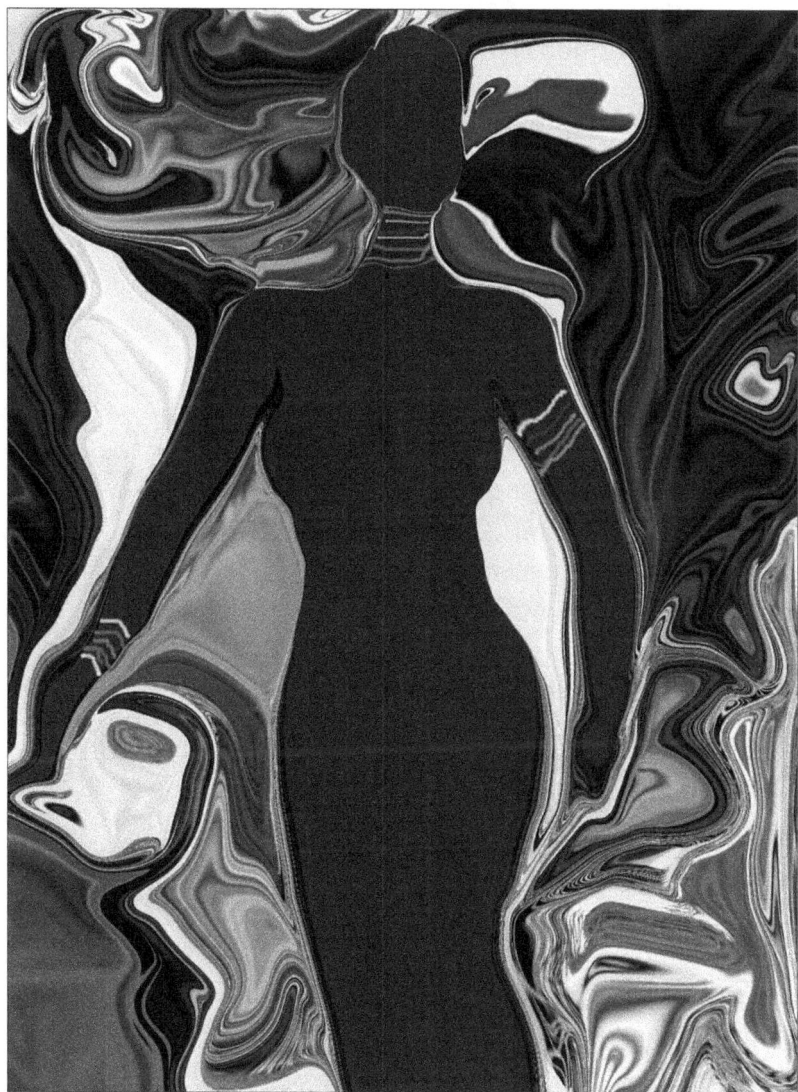

La danza del hambre

Baila África, baila
con sus labios grandes
y sus senos al aire
al retumbe del tambor
sus brazos se agitan
se activan sus caderas
y al aleteo de sus pies
se agrieta la tierra

África, de tostada raíces
África, de alma cándida
magullada, saboteada
por los invisibles piratas
saqueadores de continentes
capitalistas, explotadores
que desfloran sus riquezas
dejando solo migajas
de lo que no le interesa

África, tierra, madre
dormidos bajo las noches
tus engendros sueñan
con blancas esperanzas
de promesas negras

Ellos, tus hijos
esqueletos humanos
difuntos vivientes
con sus vientres desiertos
carcomidos por las hambres
de hace ya tiempo

→

La miseria se esconde
bajo sus pellejos
y las moscas le entonan
himnos de muerte
en sus negras orejas

África se muere (baila y baila)
le interrumpe su danza
la mudez del tambor
con sus ojos de vidrio
que ya no ven nada
y bajo la luna africana
agonizando en el suelo
con sus grandes labios
besa la tierra amada
y en un grito seco
al dios ausente
ofrenda su alma.

Huelo a hembra

Huelo a África
    a rabioso tambor
a madre, a raíces
    a lienzo tricolor
a suelo, libertad
    lengua y folclor.

Huelo a canela, a jengibre
concha nácar y trigo fresco
madreselva, hierbabuena
caña santa y cuero seco.

Huelo a hembra
de enagua y pantalón
sacrificio de vientre
    fusil a su nación.

Huelo a esa hembra
que la historia cambia
    con rebeldías y hazañas
a la que trae el coraje
    bajo sus faldas
y un pezón menos
    entre sus alas.

A todas huelo
guerrera, poetisa
maltratada, mutilada
ultrajada, hogareña
    insurrecta,
sumisa y cortesana
    a la que no se rinde
ante ninguna circunstancia.

→

Yo huelo a esas
y a todas las hembras bravas
Yo huelo a ellas
      en todos los sentidos
donde extiendo la palabra.

Retazos del tiempo

Abortados sueños
que a pura fuerza
          se elevan
en arrugado vuelo
cruzando el cielo
y en el intento
                    se evaporan
por el hambre
                  que le roe
la piel, los huesos
                  el alma
homicida de su fe.

Son los sueños
          de ellos
los que comen ansias
anoréxicos inconscientes
los que pisan
con sus pies desiertos
                    el silencio
y huesos secos
de sus propios muertos
y de muchos otros
que se fueron
                    que quedaron
con el hambre tatuada
en cada vértebra
y en cada nervio
de su pellejo

Ellos, los prorrogados
pasmados antropomorfos
fantasmas erectos
retazos del tiempo

$\longrightarrow$

¡Si, si, son ellos!
los que nacen
            predestinados
sin ningún derecho
a exhalar el mismo aire
de la opulencia
        o mejor dicho
del resto de la humanidad

Por lo menos
        han aprendido a vivir
                entre los muertos.

Salir-cruzar-llegar
Tres mil y tantos kilómetros al norte

A tres mil y tantos kilómetros quedaron los residuos
del barrio con sus vahos, sus calles, sus difuntos
la inopia, el dolor perenne, la niñez y adolescencia
el olor a madre, a cándidos senos, a sombras y
desgobierno
como ruta lleva "El Norte" a lo largo y ancho
de su pecho.

Kilómetro en kilómetro silbando va sus soledades
murmurando un credo, tragando lluvia, masticando
viento
tres mil kilómetros le espera para abrazarse
con su sueño
pareciera que la noche se juntara con lo eterno.

Kilómetro a kilómetro se derrite en el paisaje
que apesta a "Migra", en Chiapas, a salvajismo,
la muerte traicionera aguarda por el mínimo descuido
e invisible avanza vadeando las aguas del Suchiate,
sobre las dormidas calaveras y entre cóncavas
montañas
o al lomo de "La Bestia" y otras rutas aledañas.

En su piel es ya de noche y por pies, quisiera alas
kilómetros de violación, violencia y extorsión,
le espera
su dignidad y su vergüenza como tantas otras quedan
en las garras de "Las Maras" garroteros y sanguijuelas
que de sus valores despojan hasta de la vida si se niega.

→

A exiguos kilómetros del norte el sol maldice
sangran las llagas, la sed y el hambre azaran
de su garganta seca un grito mudo se desgrana
mas, si la marcha se detiene la utopía se retarda.

Un aire disímil en la cara le bosteza
rabian las llagas mas sonríe el alma
atrás quedó "La Bestia" y las deprimidas montañas
ya no hay fronteras, calaveras, "Zetas" ni "Las Maras"
solo un humo boreal que bailando denso le corteja
mira en lontananza y siente que algo le hace falta
a tres mil kilómetros del Norte
            su entidad quedó enterrada.

"Tun, tun, hasta cuando, tun, tun"

"Tun, tun, tun, tun,
dale dulo al betún
calamba, tun, tun"

Hay que verlos
        como los he visto
con ojos de ansias
y polvo entre sus pies.

Hay que atizar la historia
de ombligo y silencio
para entender que es la misma geografía
que surca sus venas y las mías también.

Para saber ¡qué carajo se siente!
debes de arroparte con su negra piel.

Para entenderlos
hay que cantar canciones
en patuá o en francés
y cruzar una y mil veces
los masacrados ríos
siempre a pie

Hay que verlos como los he visto
caminar sobre su negro espejo
trayendo orgulloso entre sus zancas
un pedazo de su inmenso suelo.

"Tun, tun, tun, tun,
dale dulo al betún
calamba, tun, tun"

→

Yo! Yo los he visto
          domar el idioma
y freírsele el pellejo bajo el sol
Yo los he visto
          desechos de vértebras
y dejar el negro cuero
en ruido y tambor,
en picos y en palas
martillar el dolor;
          en el machete
          y cantar
en los blancos ingenios
          y cantar

en el trapiche, en la grava y el cemento
y cantar, cantar, cantar
          y seguir cantando

Aunque le rabien los pies.

"Tun, tun, tun, tun,
¿Hasta cuando, tun, tun?"

www.ingramcontent.com/pod-product-compliance
Lightning Source LLC
Chambersburg PA
CBHW062011040426
42447CB00010B/2001